2

"Jedes Leben hat seinen Sinn und seine eigene Würde. Kein Lebensabschnitt ist umsonst, auch nicht in der Not."

Richard Ludwig, Autor

Herstellung und Verlag:
BoD - Books on Demand, Norderstedt
ISBN 978-3-7460-6529-8

Geschrieben von Dr. h.c. Richard Ludwig

"Vollendung ist immer das, was vor uns liegt."

Walter Gerd Bauer,
deutscher Schriftsteller

Vorwort

Nach mehr als hundert Jahren versucht mein ältester Sohn Richard mein Leben zu rekonstruieren, weil mein relativ kurzes Dasein auf dieser Welt von der Kindheit, der Vorkriegszeit, der Kriegszeit und leider danach auch bis zu meinem Ende durch Krankenhausaufenthalte geprägt war und ich somit meiner damals recht jungen Familie als Familienvater nicht viel bieten konnte.

Es soll durch diese für mich außergewöhnliche und auch ausgesprochen, sagen wir es vorsichtig, fixe Idee, durch meine Erinnerungen und auch durch meine Schilderungen das damalige Leben wieder greifbar werden und mir somit eine Art Wiederauferstehung ermöglicht werden.

Es ist für mich eine wahnsinnige Vorstellung, noch einmal mein Leben, auch wenn es in sehr vielen Fassetten nicht unbedingt lebenswert war, von der Kindheit über die Schule, den Beruf, die Militärzeit und später über die Krankheit, die dann auch zu meinem frühen Tod führte, berichten zu können und das alles noch einmal, wenn es geht und meine Erinnerungen mitmachen, fast real zu erleben.

Ich weiß nicht, ob es sehr viele Menschen gibt, die ihr Leben noch einmal, allerdings ohne es ändern zu können, erleben möchten.

Man weiß ja auch, dass es sehr schöne Zeiten gegeben hat und dass man das Leben als gütiges Ge-

6

schenk Gottes mit all seinen Prüfungen, seinem Leid, seinen Entbehrungen und seinen Glücksgefühlen achten, ehren und anerkennen soll.

Ich werde mich bemühen mein ganzes Leben so gut es geht und so weit ich mich erinnern kann, mit all seinen schönen und schweren Seiten aufzuzeigen, damit meine Familie und soweit noch vorhanden, meine Nachkommen den Sinn und die Aufgaben meines Lebens verstehen können.

Hans Ludwig

Am 08. Januar 1912 erblickte ich als erstes von vier Kindern der Eheleute Johann Phillip Ludwig und seiner Frau Berta, geborene Schmidt in Gelsenkirchen das Licht der Welt.

Hans Ludwig

Es waren unruhige Zeiten.

Kaiser Wilhelm II war Staatsoberhaupt in unserem geliebten Deutschland, der Balkankrieg begann und die Gespräche zwischen Reichskanzler Theobald von Bethmann und seinem Kollegen, dem britischen Kriegsminister Richard Burdon führten um weitere Kriegsabsichten zu verhindern, zu keinem entscheidenden Ergebnis.

Als ich zur Welt kam feierte Kaiser Wilhelm II gerade sein 25. jähriges Thronjubiläum.

Er hatte 25 Jahre in Frieden regiert und und wurde im In- und Ausland glanzvoll gefeiert.

Vater hatte noch unter ihm gedient und war ganz stolz darauf.

Es sollte sich aber alles ändern und ich wuchs in eine Zeit hinein, die alles andere als ruhig und zufriedenstellend war.

Am 24. Juli 1914, ich war gerade mal zwei Jahre alt, begann schon die Auseinandersetzung auf dem Balkan, so dass Kaiser Wilhelm II am 01.08.2014 die allgemeine Mobilmachung anordnen musste.

Ein vier Jahre langer Krieg wurde von den Generälen Hindenburg und Ludendorff geführt, wo Vater auch zu dem kriegsmüden Volk zählte, was dann über den ausgehandelten Friedensvertrag ins Jubeln kam.

Nur war jetzt die schöne Zeit der Monarchie, so wie man immer hören konnte, vorbei und Kaiser Wilhelm II musste am 09.11.1918 abdanken und am 10.11.1914 ins Exil nach Holland gehen.

Kaiser Wilhelm II
Ehemaliger Deutscher Kaiser, mit vollem Namen
Wilhelm Viktor Albert von Preußen, war von 1888
bis 1918 letzter Deutscher Kaiser und König von
Preußen. Wilhelm war ein Enkel Kaiser Wilhelms
I und ein Sohn Kaiser Friedrich III.

11

Als die schwerkranke Kaiserin Auguste Victoria, Kaiser Wilhelms II Frau am 11.04.1921 starb, war ich gerade erst 9 Jahre alt, so dass ich wie später Vater von der schönen Kaiserzeit schwärmte, so gut wie nichts mitbekommen hatte.

Erinnern kann ich mich nur an die bunten Uniformen und an die stolzen Soldaten und an die Schnauzbärte, die die meisten trugen.

Die Nationalsozialisten strebten von da an, schon die Machtergreifung in Deutschland an, was ihnen 1933 und dann 1938 mit der Reichskristallnacht ja auch gelang.

Vater war damals als ich zur Welt kam 28 Jahre und Mutter 25 Jahre alt und sie mussten sich ja auch zuerst einmal an die neuen politischen Gegebenheiten mit all den zwangsläufigen Folgen gewöhnen.

Sie hatten sich in Beringhausen- Brilon, wo Mutter zu Hause war, bei einer Urlaubsfahrt von Vater in dem schönen Sauerland kennen und lieben gelernt und nach dem Mutter schwanger wurde am 27. Februar 1911 in Gelsenkirchen- Buer geheiratet.

Da beide aus einem streng katholischen Elternhaus kamen, blieb ihnen ja auch nichts anderes übrig.

Vater war Stadtwachtmeister und bekam durch seine guten Beziehungen zur Steinkohlengrube Bergmannsglück zusätzlich eine Hausmeisterstelle in der Steinkohle werkseigenen Kolonie Dorstener Straße in Gelsenkirchen- Buer eine recht luxuriöse Wohnung.

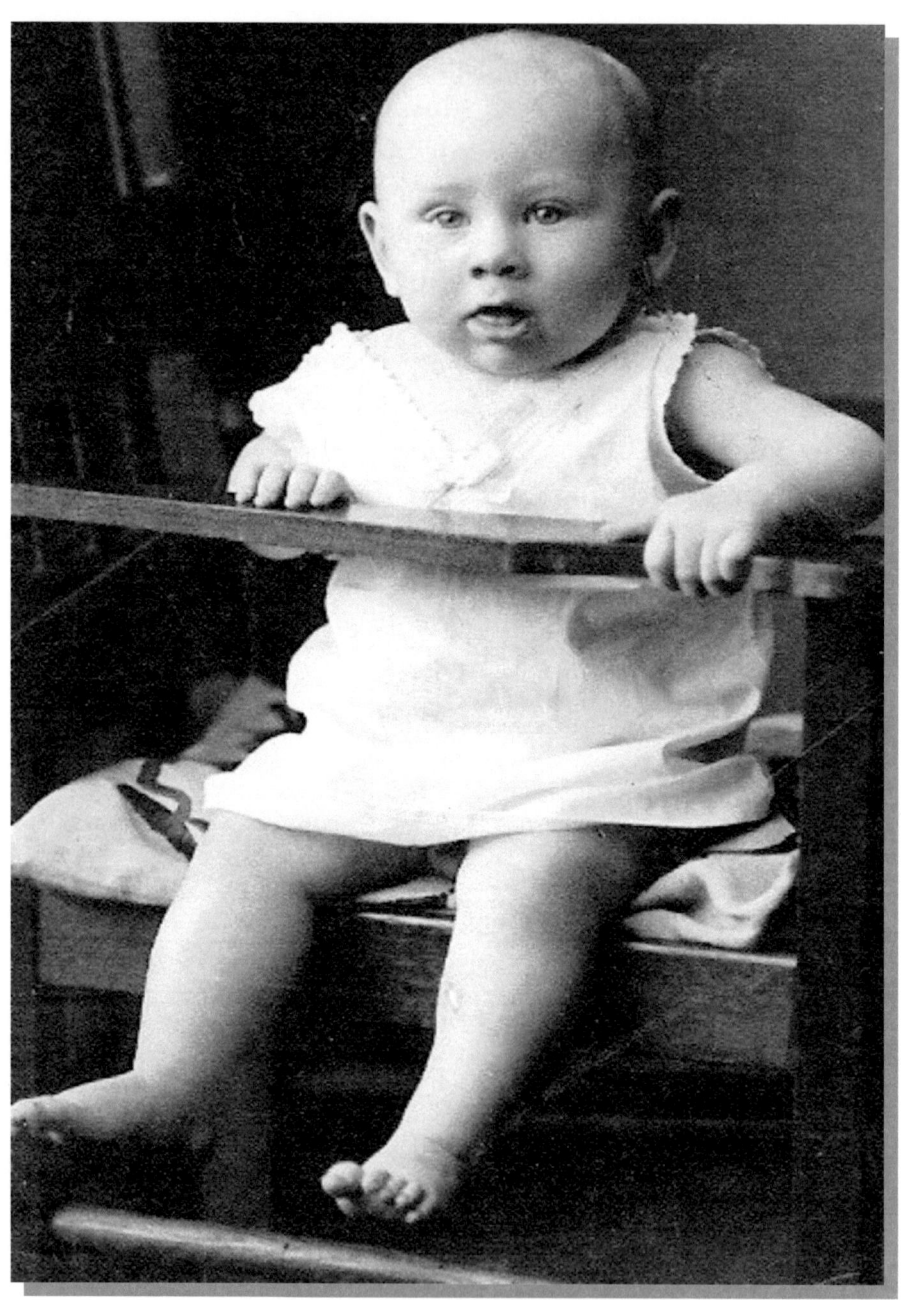
Mein erstes Foto in meinem Sicherheitsstuhl

Es war eine schöne großzügige Wohnung auf der ersten Etage des Hauses, mit einer eigenen Toilette und mit einem eigenen Bad.

Zu der damaligen Zeit wurde in solchen Häusern in der Mitte von zwei Etagen für die obere und die darunter liegende Wohnung, sozusagen auf dem mittleren Absatz, eine Toilette mit Waschgelegenheit für die beiden Etagen gebaut und das was da Vater bekommen hatte, war schon erste Sahne.

Er war Schalke Fan, seit langem Mitglied, hatte dort nachdem seine Eltern mit der Familie von Koblenz aus beruflichen Gründen nach Gelsenkirchen gezogen waren, in seiner Jugend in den Farben blau und rot Fußball gespielt und kannte einige maßgebliche Herren die im Westfalia Turnverein von 1877 das Sagen hatten.

Es war eine Zeit für mich als Kind, wovon ich nicht all zu viel mitbekam, denn als ich zwei Jahre alt war, wurde die Zeche Bergmannsglück still gelegt und besonders Mutter hatte Angst, dass wir die schöne Wohnung jetzt verlassen müssten.

Die Fördertürme wurden 1914 abgerissen, doch die Unterkünfte blieben und wir durften dort weiter wohnen.

Nun begann ja auch schon, wo eigentlich jeder durch die politischen Wirren mit gerechnet hatte, der erste Weltkrieg in Europa, dem Nahen Osten, in Ostasien und in Afrika, ausgelöst durch das Attentat von Sarajevo wo Thronfolger Erzherzog Franz Ferdinand und seine Frau Sophie ermordet

Vater

15

wurden.

Leider wurde Vater, so wie viele seiner damaligen Freunde auch zum Militärdienst eingezogen, Vater etwas später, erst im Januar 1917, allerdings nicht wie man eigentlich annehmen sollte mit Groll oder Angst, sondern mit einer großen Euphorie und sogar mit stolzer Freude, was Mutter natürlich überhaupt nicht verstehen konnte.

Sie war wieder schwanger und erwartete zum Jahresende 1917 ihr zweites Kind.

Es sollte, so wie man mir gesagt hatte, ein Brüderchen werden, worauf ich mich natürlich freute.

Inzwischen war ich schon fünf Jahre alt ging in der Gustav Straße in den Kindergarten und konnte kaum erwarten bald in die Grundschule in Buer am Röttgers Weg zu gehen.

Zählen konnte ich schon bis zwanzig und das Lernen machte mir einfach Spaß.

Manchmal fuhren wir sonntags mit dem Zug zu Oma Margaretha nach Bad Ems.

Sie war die Frau von Großvater Phillip Ludwig, der leider 1906 im Krieg gegen die Herero, bei der Niederschlagung der Aufständischen durch die deutsche Kolonialmacht in der Kolonie Deutsch-Südwestafrika unter dem Befehl General- Leutnant Lothar von Trotha mit 44 Jahren sein Leben verlor.

Vor dem Krieg, der ja von 1906 bis 1908 dauerte, war er Eisenbahner, war geboren 1862 und verstarb ja nun leider 1906 schon sehr früh.

Von meiner Geburt und von meinem Leben hatte er

Mutter
17

ja nichts mitbekommen können und so erzählte mir Oma, wenn wir dann einmal bei ihr waren, sehr viel von ihm.

Auch Vater hörte dann sehr gerne interessiert zu, weil zu der damaligen Zeit andere Sitten und Gebräuche in Deutschland herrschten.

Es war die k.u.k. Monarchie, die kaiserlich und königliche Kaffeehaustradition, die für Vater so begeisternd war, weil das die Erzherzöge und ihre Erzherzoginnen in ihrem Gesellschaftsleben, wo sie natürlich auch mit Hoheit angesprochen wurden, sehr gerne und majestätisch praktizierten.

Nun, die Zeiten hatten sich geändert und der Krieg hatte schon begonnen.

Deutschland versenkte mit seinen U-Booten alles, was sich über das Mittelmeer wagte, britische Frachter französische Truppentransporter oder auch Hospitalschiffe und Manfred von Richthofen übernahm die komplette Flugjagdstaffel und ausgerechnet jetzt sollte Vater, wo Mutter inzwischen hochschwanger war, auch in den Krieg ziehen.

Am 03.09.1917, an einem regnerischen Montag war es dann endlich bei Mutter so weit.

Die Hebamme Frau König war bereits da und ich sollte zu unserer Nachbarin Frau Weingarten, die in unserem Haus eine Etage höher wohnte, mich bei ihr mit meinen Soldatenbildern beschäftigen.

Es machte mir Spaß mit diesen Soldatenbildern und ihren bunten Uniformen vom einfachen Soldaten über Leutnant, Oberleutnant, Stabsoffizier, Feldwe-

Die Zeche Bergmannsglück in Gelsenkirchen- Buer

bel - Leutnant oder Unteroffizier mit Portepee oder auch ohne, anzusehen und meistens vom Vater mir die einzelnen Uniformen erklären zu lassen.

Ich ging nicht ungern zu Frau Weingarten, da ich von da oben besser die Fördertürme der Zeche Carl Friedrich Erbstollen sehen konnte, die etwas weiter entfernt war und die ich normalerweise nicht sehen konnte, wo am 28.04.1917 ein großes Unglück geschehen war, mit 41 tapferen Bergleuten die nur noch tot aus dem Stollen geborgen werden konnten.

Als ich oben ankam, hörte ich Mutter unten sehr laut schreien und ich dachte schon, wer mag ihr denn etwas angetan haben.

Ich war einfach noch zu klein und ich konnte mir von all dem was da geschah, kein genaues Bild machen.

Vater war inzwischen ebenfalls von der Arbeit nach Hause gekommen, denn ich konnte sehen, wie er mit seinem Fahrrad in die Hofeinfahrt fuhr.

Nach zwei Stunden holte mich Vater bei Frau Weingarten wieder ab und ich konnte zum ersten Mal meinen kleinen Bruder sehen.

Ein Häufchen Elend dachte ich und wie soll ich denn jemals mit dem spielen können.

Alles das änderte sich aber rasend schnell bei uns.

Nach dem Rudi, so wurde er direkt von Mutter genannte, am 03.09.1917 zur Welt gekommen war, hatte Vater gerade noch 14 Tage bis er am 17. September 1917 sich in Flensburg- Mürwik bei der könig- kaiserlichen Marine melden musste.

Kaiser Wilhelm II hatte die Marineschule in Flensburg- Mürwik am 21.11.1910 eröffnet und das Krankenhauswesen in Flensburg bestand damals aus der Diakonissenanstalt und dem Franziskus-Hospital, bis man die Marineschule, die bis dahin in der freien Landschaft stand, in die Gesamtanlage mit dem Blick zur abgewandten Seite auf die Förde und der Optik einer deutlichen Burganlage eingegliedert und intrigiert hatte.

Hier sollte sich Vater melden, um seinen Dienst bei der deutschen könig- kaiserlichen Marine unter der Leitung von Konteradmiral Heinrich Ruhfus, der als deutscher Offizier die kaiserliche Marine und gleichzeitig die VII Torpedoboot- Flottille in den

Marineschule für deutsche Offiziere in Flensburg-
Mürwik an der Förde

Jahren 1915 -1917 in Flensburg- Mürwik leitete. Da der Krieg aber am 11. November 1918 durch das Waffenstillstandsabkommen von Compiégne nach vier Jahren Kampfhandlung und fast sechs Millionen Toten beendet wurde, war Vater Weihnachten 2018 schon wieder zu Hause.

Er hatte Glück gehabt, ihm war nichts passiert, obwohl er mitbekam, wie einige seiner Kameraden ihr Leben verloren.

Nun hatte Mutter endlich Vater wieder zu Hause und sie war glücklich und zufrieden darüber.

Sie erzählte uns, wobei Rudi mit Sicherheit von all dem nichts verstand, dass Großvater ja in Süd- West- Afrika im Krieg umgekommen war und sie deshalb um Vater große Angst hatte.

Die Zeit verging, Rudi machte zwar große Fortschritte, aber Anfangen konnte ich mit ihm immer

Torpedoboote in Flensburg- Mürwik

noch nicht sehr viel.

Mutter brachte dann am 22.02.1919 noch eine kleine Schwester und am 10.02.1921 noch ein Brüderchen zur Welt.

Wir waren nun eine recht große Familie, Vater und Mutter, ich, Rudi, Irmgard und Alwin.

Durch die große Familie wurden die Ersparnisse immer knapper und ich war froh, dass ich, als es auch für mich Zeit wurde, mit zur ersten heiligen Kommunion gehen konnte.

Meine Schwester Irmgard und meine Brüder Rudi und Alwin wuchsen heran, gingen in die gleiche Schule wie ich am Röttgers Weg, bis ich dann, weil meine Zeugnisse immer recht gut waren, die Schule wechselte, um die mittlere Reife zu erlangen.

Einmal im Jahr fuhr die ganze Familie nach Köln in die Großstadt am Rhein, um Onkel Peter, den Bruder von Vater, der in Köln einen Kunsthandel betrieb und als Mäzen und Kunstsammler eine Kunstgalerie aufgebaut hatte, um ihn und Tante Irene zu besuchen.

Es war für uns Kinder immer interessant, weil Onkel Peter in Köln- Nippes, direkt an der Agneskirche wohnte und wir von dort aus, wenn das Wetter schön war, dann einen Spaziergang zum Kölner Zoo machten, um uns die Tiere anzuschauen.

Manchmal bekamen wir alle von Onkel Peter ein Eis spendiert und so wurde das für uns immer sehr schön und angenehm.

Nur Vater machte uns allen, besonders natürlich

Meine erste heilige Kommunion
24

Mutter große Sorgen.

Er war plötzlich sehr schwer erkrankt und musste ständig Untersuchungen über sich ergehen lassen.

Wir alle litten sehr darunter, weil er nicht mehr für uns voll einsatzfähig war.

Es wurde von Jahr zu Jahr immer schlimmer und Mutter rechnete schon mit dem Schlimmsten, bis Vater dann tatsächlich am 15. August 1928 nach einer großen Leidenszeit an Kehlkopfkrebs im Alter von 44 Jahren starb.

Nun kamen auf uns alle große Veränderungen zu.

Mutter war, als Vater starb 41 Jahre alt, ich war gerade 16 Jahre alt geworden, Rudi war 10, Alwin 7 und Irmgard 9 Jahre alt.

Für uns alle war es sehr schrecklich, dass Vater so früh starb und durch seinen Tod jetzt vieles für unsere gesamte Familie anders wurde.

Mutter konnte aus finanziellen Gründen die schöne Wohnung in der Dorstener Straße nicht weiter beibehalten und so überlegten wir, ob wir nicht nach Köln in die Nähe von Onkel Peter ziehen sollten.

Bestimmt mehrmals, genau weiß ich es nicht mehr, bin ich mit Mutter mit dem Zug nach Köln gefahren, um uns nach einer entsprechenden Wohnung umzusehen.

Wir waren ja fünf Personen und so konnten wir mit einer zu kleinen Wohnung auch nichts anfangen.

Letztendlich fanden wir dann eine Bleibe etwas außerhalb der Innenstadt, wo es nicht ganz so teuer war, in Köln- Mülheim, in der Schützenhofstraße 19 auf der zweiten Etage, allerdings hier leider mit der Toilette und der Waschgelegenheit im Mitteltrakt des Hauses.

Auf irgend einer Fahrt mit dem Zug nach Köln, die ich mit Mutter alleine machte, erzählte sie mir eine schreckliche Geschichte, die mich ganz alleine betraf.

Da Vater und auch Großvater mit 44 Jahren verstorben waren, hatte sie sich daran erinnert, dass auch der Urgroßvater Hans-Heinz Ludwig, der damals in Gelsenkirchen- Hassel gewohnt hatte, auch mit 44 Jahren gestorben war und sie daraufhin in der väterlichen Familie nachgeforscht hat, ob es da

Schützenhofstraße in Köln-Mülheim vor dem Krieg

noch weitere Vorfälle mit dem Alter 44 gegeben hat.

Leider hat man ihr dann mitteilen müssen, und weiter zurück waren keine Anhaltspunkte mehr gegeben, das tatsächlich bis sechs Generationen zurück, immer der Erstgeborene, zwar durch unterschiedliche Ursachen, aber doch mit 44 Jahren verstorben ist.

Für mich war das ein herber Schlag, da ich ja auch der Erstgeborene war und somit mein Leben auch mit 44 Jahren vermutlich zu Ende sein würde.

Nun war ich ja gerade erst einmal 17 Jahre alt und so bedrückend der Gedanke auch war, konnte mich das aber in meiner Lebenslust und meinem Tatendrang nicht unbedingt beeinflussen und auch nicht zurückhalten.

Auf einer Schiffsrundreise in Hamburg

Nur manchmal dachte ich über Mutter´s Offenheit nach und hoffte, dass der Kelch an mir doch vorübergehen würde.

Nun, wir zogen also, nachdem wir festgestellt hatten wo wir in die Schule gehen mussten, 1929 nach Köln- Mülheim und richteten uns da so gut es ging auf ein neues Leben ein.

Es hatte ja auch etwas für sich, besonders für mich, da Köln ja eine Großstadt war, konnte ich mich allen möglichen Sportarten zuwenden.

Fußball, Sülz 07, die fast genau so stark waren wie Borussia Dortmund oder auch Schalke, Boxen, Radrennen auf der Riehler Radrennbahn und was mich besonders faszinierte, war die Galopprennbahn in Köln- Weidenpesch, wo ich mir so oft es eben ging, die Pferderennen, die dort seit 1898 ausgetragen wurden, ansehen konnte.

Riehler Rad- und Steherrennbahn 1930

Das Wichtigste war aber, dass ich sogar während der Weltwirtschaftskrise 1929 mit dem schwarzen Freitag in Köln unter den schwierigen Aufnahmebedingungen an der Wirtschaftsoberschule, wo nur 1000 Neuzugänge vorgesehen waren, den Einstieg und die Sonderprüfung dafür mit Glanz und Gloria bestanden hatte.

Mutter war natürlich sehr stolz auf mich, zumal sie wusste, dass meine heranwachsenden Geschwister später aus wirtschaftlichen Gründen keine höhere Schule besuchen konnten, denn es musste noch Schulgeld an die Kirchen gezahlt werden, die über sämtliche Schulen und Bildungsstätten die Verantwortung übernommen hatten, was später aber der Staat für sich in Anspruch nahm.

So konnte ich zum monatlichen Haushaltsgeld auch nichts beitragen, im Gegenteil, ich viel allen noch zur Last.

Gelegentlich half ich aber für ein paar Reichsmark bei einem Bauern auf dem Feld, wenn Erntezeit war, mit meinen kräftig zupackenden Händen aus, um Mutter mit etwas Geld zu unterstützen.

Politisch bahnte sich in Deutschland schon sehr früh in der Weimarer Republik die Zerstörung der Demokratie durch die NS- Diktatur mit der Machtergreifung der NSDAP unter der Führung von Adolf Hitler an.

Der schwarze Freitag, am 24, Oktober 1929 an dem die New Yorker Börse total abstürzte, beschleunigte den Durchbruch der politischen Wirren in

Autobahnbau zwischen Frankfurt und Heidelberg

Deutschland.

Mutter machte sich große Sorgen um die ständig propagierten Kriegsabsichten der deutschen Führung.

In der Schule wurde ständig darüber gesprochen, wer sich zur Hitlerjugend angemeldet hatte und wer diesem pfadfinderischen Treiben mit militärischem Drill beiwohnen wollte.

Uniform, Zackigkeit und Gemeinsamkeit hatte bestimmt einen großen Reiz , doch mich interessierte das alles nicht, da ich Mutter als Ältester der Kinder nicht im Stich lassen wollte.

1933, als die Machtergreifung der NSDAP unter Hitler in Deutschland bejubelt wurde, hatte ich ja schon meine Erfahrungen mit diesen Chargen beim Autobahnbau gemacht, zu dem ich mich freiwillig gemeldet hatte und wo ich zumindest am Wochen-

Hindenburg bei der Machtübergabe 1933

ende jeweils nach Hause konnte und auch noch gut dafür bezahlt wurde.

In diesem Jahr wurde ich 21 und volljährig, Rudi war inzwischen 16 Jahre und suchte sich eine Arbeitsstelle, weil er nicht weiter zur Schule gehen konnte, Alwin war gerade erst 12 und Irmgard war 14 Jahre alt und schwärmte von einer Haushaltsschule oder einer Stelle im Fürstenhof, dem ersten Hotel am Platze in Köln direkt am Dom.

Ihr gefiel es besonders, dass hier immer die großen Politiker, die Filmstars, wenn sie dann mal in Köln waren und die großen Sportler wohnten.

Ich mochte alle meine Geschwister, konnte aber nicht viel mit ihnen anfangen, weil sie ja alle viel jünger waren als ich, andere Interessen hatten und besonders Alwin von seiner Zauberei überzeugt und angetan war.

Als ich 18 Jahre alt war, hatte ich heimlich mit dem Rauchen angefangen und jetzt, da ich ja 21 Jahre war, durfte ich endlich auch in der Öffentlichkeit rauchen.

Wenn Rudi das sah, wollte er auch immer eine Zigarette von mir haben, doch er durfte ja noch nicht und so habe ich ihm immer davon abgeraten.

Nachdem ich den freiwilligen Einstieg beim Autobahnbau beendet hatte, bewarb ich mich bei einigen maßgeblich bekannten und namentlich guten Firmen in Köln um eine Führungsposition.

Da ich ja das Einjährige hatte, glaubte ich, mir diese Anforderung leisten zu können.

Doch ganz so einfach war das alles nicht.
Die politischen Wirren und der Einfluss der propagandistischen NSDAP auf die gesamte Wirtschaft sowie das große Bangen um den möglichen Kriegsausbruch, hemmte viele Firmenleitungen Personal aufzustocken oder zu expandieren.
Doch schließlich bekam ich bei dem Logistik-Weltunternehmen Schenker Co. AG einen Vorstellungstermin, den ich natürlich freudig wahrnahm.
Mutter konnte es kaum glauben, da sie, was die gesamte Entwicklung in Deutschland und Europa anging, sehr pessimistisch war.

Logistikunternehmen Schenker & C. AG in Köln

Sie war halt Sauerländerin und blieb es auch, trotz Großstadtgehabe.

Ich bekam also bei Schenker den Job als Junior-Operations- Agent für Land,- Luft.- und Seeweg.

So hatte ich die Möglichkeit mit meinen Englisch-kenntnissen zum Unit Ocean- Freight aufzusteigen, was eine sehr gute Entwicklung war und als hervorragende Karriere anzusehen war.

Es kam aber alles ganz anders.

Zunächst hatte ich auf jeden Fall erst einmal einen guten Job und ich konnte endlich Mutter, da ich sehr gut verdiente, finanziell unterstützen, denn was sie an Rente von Vater bekam, reichte zum Leben einfach nicht aus.

Darum nähte sie ja sehr viel für Bekannte in der Nachbarschaft und eine kleine Schneiderei auf dem Clevischen Ring, der ja ganz in der Nähe war.

Irmgard half ihr oft dabei, was ja für ihre Ausbildung und ihren eventuell späteren Beruf auch nicht schaden konnte.

Auf einer Geburtstagsfeier meines Kollegen bei Schenker, Heinz Meierhoff, der seinen Geburtstag in der Flora feierte, habe ich dann Magdalene das erste Mal gesehen.

Sie gefiel mir auf Anhieb, leider konnte ich mit ihr keinen Termin zu einem Wiedersehen ausmachen, es gab keine Gelegenheit dazu.

Heinz konnte mir aber helfen.

Er wusste, dass sie in Nippes, in der Bülowstraße 5, direkt in der Nähe des Gymnasiums wohnte, weil

Magdalene Bernards

er dort vor zwei Jahren öfter zur Abendschule ging und sie einmal bei einem Einkauf bei Tietz auf der Neusser Straße gesehen und sie nach ihrem Wohnort gefragt hatte.

Eines Abends sah ich sie dann auf dem Leipziger Platz mit einer Freundin und ich sprach sie sofort an.

Wir verabredeten uns eine Woche später zu einem Zoobesuch und von da an waren wir zwei unzertrennlich.

Sie war zwar erst siebzehn Jahre alt, machte aber auf mich so einen resoluten Eindruck, der mir an ihr besonders gefiel.

Wir wurden ein Paar.

Nach zwei Wochen nahm ich sie mit nach Hause, stellte sie Mutter und meinen Geschwistern vor und die Hoffnung, dass wir zusammenbleiben würden, wurde von Tag zu Tag größer.

Da ich mich bei Schenker sehr in's Zeug legte und mit meiner Einarbeitung schnell voran kam, bekam ich auch schon von der Direktion die ersten Einsätze für Belgien und Holland zugeteilt.

Der Job machte mir außerordentlich Spaß und ich konnte, weil ich ja auch ganz gut verdiente, Marlene, wie sie in ihrem Freundeskreis kurz genannt wurde, etwas mehr bieten als andere Burschen.

Wir hatten uns inzwischen ja schon so aneinander gewöhnt, dass ich mir, wenn ich mal wieder kurz ins's Ausland musste, keine besonderen Gedanken mehr machte.

Politisch kam es wie es kommen musste.

Die allgemeine Wehrpflicht wurde eingeführt, im Radio durfte keine Jazz- Musik mehr gespielt werden, das Saarland kam wieder zurück in´s deutsche Reich, die deutsche Herrenrasse wurde eingeführt und Adolf Hitler wurde, nach dem Generalfeldmarschall Paul von Hindenburg 1934 verstorben war, Reichskanzler.

Das alles geschah in 1935 und es machte uns sehr nachdenklich, denn die diktatorische Macht hatte begonnen und steuerte zielsicher und direkt auf einen von Deutschland gewollten Krieg zu.

Es kamen die ersten Aufrufe von den neuen Machthabern, die jüdischen Einrichtungen zum Beispiel auch die jüdischen Ärzte zu boykottieren.

Die Paraden der NSDAP 1935 in Deutschland

Die Nationalsozialisten nahmen das Zepter komplett in die Hand und mit ihren Aufmärschen fanden sie beim deutschen Volk großen Anklang.
Marlene und ich versuchten uns aus der ganzen Sache herauszuhalten und waren, wenn wir in Gesellschaft waren, mit unserer Meinung fast immer zurückhaltend
Im Mai 1940 offenbarte sie mir nach einem Kinobesuch, sie sei schwanger.
Es war ein Moment des großen Staunens.
Ihre und meine Familie war streng katholisch.
Es stand der Krieg mit der unumgänglichen Einberufung zum Soldat vor der Türe, wir hatten keine Wohnung und waren auch noch nicht verheiratet.
Es kam also einiges auf uns zu.

Boykottaufruf gegen die Juden 1935

Zunächst erzählte ich es im Beisein von Marlene, die auch manchmal nur Machta genannt wurde, meiner Mutter.

Mutter machte ein überraschtes Gesicht, zürnte aber nicht.

Im Gegenteil.

Sie schien sich auf die neue Familie, die mit dem Nachwuchs ja nun einmal entstehen musste, richtig zu freuen.

Mit Ratschlägen konnte sie uns nicht zur Seite stehen, weil wir die Neuigkeit zuerst einmal Marlenes Eltern mitteilen mussten.

Marlenes Vater war ein kleiner, äußerst geradliniger Kölner, der bei der Firma Kaesmacher, Lacke und Farben, in Köln am Altermarkt eine leitende Position inne hatte.

Er legte uns nahe, so schnell wie möglich zu heiraten, ohne noch vorher Verlobung zu feiern.

Verlobt hatten wir uns schon längst heimlich, nur für die Verlobungsringe wollten wir noch sparen.

Magdalenes Vater stellte uns oben auf der vierten Etage in der Bülow Straße 5, wo er selbst unten auf Parterre wohnte, eine zwei Zimmer Wohnung in Aussicht, weil er den Vermieter gut kannte und die Wohnung zur Zeit leer war.

Magdalene war ja gerade im März 20 Jahre alt geworden und war froh, dass ihr Vater und natürlich auch ihre Mutter, die allerdings schwer krank und oft bettlägerig war, gegen unsere Heirat nichts einzuwenden hatten.

Erster Urlaub nach unserer Heirat 1940

Wir heirateten noch im gleichen Jahr und am 17. Februar 1941 kam unser Sohn zur Welt.

Ungünstiger konnte die Zeit für den armen kleinen neuen Erdenbürger gar nicht sein.

Der zweite Weltkrieg hatte am 01.09.1939 mit dem Einmarsch in Polen begonnen, Frankreich und Großbritannien erklärten daraufhin im Rahmen der Beistandsverträge Deutschland den Krieg und ich war schon seit Anfang Juli 1939 zur Flugabwehr der deutschen Luftwaffe in Köln- Mülheim einge- zogen worden.

Magdalenes Vater, Richard Bernards

Marlene mit Richard
42

und jetzt unser Nachwuchs.

Das Leben war ohnehin schon schwer genug geworden.

Es wurde alles rationalisiert, es gab Lebensmittelmarken und man musste sich höllisch vor dem Geheimdienst in Acht nehmen.

Wir kauften uns das Nötigste an Möbel, zogen in die Bülow Straße 5 ein und tauften unseren kleinen neuen Kämpfer, den Hitler ja verlangt hatte, in St. Bonifatius in der Gneisenau Straße, wo wir auch kirchlich geheiratet hatten, mit dem Namen Hans Richard.

Magdalene machte das in ihren jungen Jahren hervorragend.

Scheinwerfer für die Flakabwehr
43

Ich war richtig stolz auf sie.

Ich war kaum zu Hause, dann der Krieg, die Erschwernisse im täglichen Leben und dann auch noch die Spannungen, die radikalen Durchgreifmethoden der Waffen- SS und die allgemeine Unsicherheit und oben drauf noch ihre kranke Mutter, die mehrmals in der Woche mit einem epileptischen Anfall rechnen musste.

Man konnte keinem Menschen mehr trauen und so oft ich von der Truppe in Köln- Mülheim weg konnte, kam ich so schnell es ging nach Hause in die Bülow Straße 5, wo wir recht angenehm wohnten.

Es war ja nicht sehr weit und ich hatte von Magdalenes Zwillingsbruder Heinz ein Fahrrad gelie-

Bülow Straße 5 vor dem Krieg

hen bekommen, was mich sehr freute und natürlich beweglich machte.

In der Nacht vom 30. auf den 31. Mai 1942 fielen auf Köln tausende von Bomben mit über 20.000 Toten und wir versuchten in Köln- Mülheim unter großen Verlusten mit unserer Flak die britischen Todesflieger abzuwehren, die uns unter dem Namen der Operation Millennium angriffen.

Es blieb der Zivilbevölkerung nur eine halbe Stunde, um in die Luftschutzbunker zu fliehen.

Um 0,45 Uhr ging es los.

Ich hatte große Sorge um meine Frau und meinen kleinen Sohn, denn sie war wieder schwanger und

St. Bonifatius in Köln- Nippes mit Unterkirche

45

wir hofften auf so ein Christkind, November oder Dezember.

Schon einige Wochen vorher hatten wir unter Führung des Blockwartes geprobt, bei Luftangriffen so schnell wie möglich in die Unterkirche von St. Bonifatius zu kommen, da dieser Bunker unter der Kirche für die nächste Umgebung vorgesehen war.

Vermutlich, so beruhigte ich mich, wird Magdalene mit unserem Sohn Richard früh genug dorthin geflohen sein.

Es ging ja auch noch um meine Schwiegereltern und besonders um Mutter, die es jetzt besonders schwer hatte.

Meine Brüder Alwin und Rudi waren beide schon 1940 vor mir eingezogen worden.

Die Hohenzollernbrücke nach der Bombardierung

Alwin zur Kriegsmarine nach Elbing in Ostpreußen und Rudi zum Armeeoberkommando des Heeres in Frankreich.

Mutter hatte sonst keine Informationen von beiden und hoffte täglich auf Feldpost.

Nach der Bombardierung von Köln konnte ich mit einem Tag Sonderurlaub direkt nach Nippes fahren, um mich um meine Familie zu kümmern.

Man kam kaum durch, überall Trümmer, brennende Häuser, keine Straße war normal passierbar und die Mülheimer Brücke, über die ich ja mit meinem Fahrrad musste, hatte auch etwas abbekommen.

Wir hatten Glück, denn dieses Mal war offenbar die Innenstadt und die Hohenzollernbrücke das Ziel.

Köln wurde im Laufe des Krieges mehrmals bombardiert und immer wieder hieß es wenn die Sirenen heulten, sofort Aufbruch in die Unterkirche von St. Bonifatius.

In dieser lebensbedrohlichen Zeit kam dann am 24. November 1942 unser zweiter Sohn zur Welt.

Herbert wie wir ihn dann später nannten, wurde im St. Marien - Hospital in Köln am Kuniberts Kloster geboren und war gesund und munter.

Wir hofften, ihn nach dem Krieg taufen zu können und wollten ihm den Namen Heinz- Herbert geben.

Die gottverdammte Kriegszeit, die von allen aber auch wirklich alles abverlangte, die Bombeneinschläge, die Entbehrungen bei der Verpflegung und das Schlimmste, die vielen Toten um uns herum, im Familien und Freundeskreis, ließ ja ein normal

Leben leider überhaupt nicht zu.

Ich bei Militär und meine Marlene, die ja mit zwei Kindern erst 21 Jahre alt war, die katastrophalen Ereignisse, die Toten, die Bombenangriffe und die Verzweiflung überall mitbekam, hatte ein verdammt schweres Leben.

Wie oft wünschte ich mir, dass dieser Krieg endlich zu Ende ging und alles wieder normal sein würde.

Doch in der Nacht zum 27.09.1944 hat es bei dem Angriff der US- Air Force (USAF) unser Haus und auch das Nachbarhaus in der Bülow Straße 5 dann doch noch erwischt.

Nach dem ersten Sirenengeheul war meine Schwiegermutter mit Richard direkt in die Unterkirche geflüchtet und Marlene kam kurze Zeit später mit Herbert nach.

Unser Haus hatte einen Volltreffer von einer

Bülow Straße nach dem Bombenangriff
48

Brandbombe erhalten und war auch durch einen direkten Feuerwehreinsatz nicht mehr zu retten.

Marlene bekam mit Richard und Herbert bei Nachbarn gegenüber in der Bülow Straße 4 Gott sei Dank, eine Notunterkunft.

Wo ihre Eltern waren und ob ihr Vater auch eine andere Unterkunft hat finden können, wusste sie zu diesem Zeitpunkt noch nicht.

Es sah überall schrecklich aus.

Frau Andreesen, der das Wohnhaus Nr. 4, welches keinen Totalschaden sondern nur einen Teilschaden erlitten hatte gehörte, stellte uns auf der ersten Etage ein noch bewohnbares Zimmer zur Verfügung, das wir natürlich dankend annahmen.

Magdalenes Eltern hatten sich inzwischen in der Bülow Straße 25 eine Unterkunft besorgen können

Bülow Straße 25 ohne Bombenschaden

und so mussten wir jetzt sehen, wie wir den neuen Anfang angehen wollten.

Wichtig war, dass keiner von ihnen umgekommen war, denn viele Bekannte, Nachbarn und Freunde hatten diese schreckliche Nacht nicht überlebt.

Ich kümmerte mich um alles so gut es ging, musste aber auch wieder zu meiner Einheit nach Köln-Mülheim zurück.

Natürlich fuhr ich kurz bei Mutter vorbei um zu sehen, ob bei ihr alles in Ordnung war.

Das Haus in der Schützenhofstraße 19 hatte nichts abbekommen und so war ich natürlich recht froh, dass Mutter nichts passiert war.

Irmgard war im Fürstenhof über Nacht geblieben, weil man ihr erzählt hatte, dass der Dom von den feindlichen Flugeinheiten nicht bombardiert wird,

Schützenhofstraße nach der Bombardierung

da er ein gutes Sichtziel von oben für alle Piloten war.

Ich erzählte Mutter, dass Marlene und die Kinder in einer provisorischen Wohnung in der Bülow Straße 4, wo sich quasi alles in einem Zimmer abspielte zunächst einmal untergekommen waren.

Es war halt Krieg und es ging eben nicht anders.

Magdalene versuchte in dieser schwierigen Situation so gut es ging zurecht zu kommen, hatte ja auch in unmittelbarer Nähe ihre Eltern wohnen und wenn sie am Wochenende schon mal mit ihrer Freundin Tinni zum Fringsen, so hieß das Hamstern damals, in die Eifel fuhr, dann passte Frau

Haus Schnackerts, direkt neben Bülow Straße 4
vor dem Krieg

51

Balzer, die mit uns auch in diesem Haus wohnte, auf die zwei Burschen auf oder ich hatte Urlaub und war selbst zu Hause und konnte mich um sie kümmern.

Marlene ging aber auch mit ihrem Vater und einem kleinen Leiterwagen abends zum Kohlenklau.

Es war nämlich bitterkalt und alle froren.

Auf dem Rhein trieben Eisschollen und das "Fringsen" war in der Kälte auch nicht unbedingt so angenehm.

Doch die Güterzüge aus dem Braunkohlerevier kamen über den Niehler Damm, wo sie manchmal ohne Lokomotive herumstanden und man von den letzten zwei drei Waggons mit Genehmigung von Kardinal Frings Kohlen (Stehlen in höchster Not) klauen durfte.

Marlene mit ihrem Vater beim "Fringsen".

Die beiden Jungs waren ja noch recht jung und die froren, weil wir ja auch keine vernünftige Unterkunft hatten, natürlich auch.

Richard ging schon in den noch stehengebliebenen Kindergarten in der Pfarrei von St. Bonifatius, den ich wenn ich da war, dort hin brachte und Herbert musste noch beaufsichtigt werden.

Mutter konnte ja aus Mülheim leider wegen der Entfernung nicht viel tun und sie war äußerst nervös und gereizt, weil sie von Rudi und Alwin leider immer noch nichts wusste.

Doch dann erhielt sie Nachricht von verschiedenen Stellen über ihre Söhne und meine beiden Brüder.

Alwin war am 17.08.1944 gefallen und Rudi am 24.08.1944.

Richard und Herbert

Alwin, der Maschinen- Obergefreiter, Träger des EK I war und der immer gerne für seine Kameraden einsprang und Rudi, der es bis zum Träger des EK II gebracht hatte, sind viel zu früh für Ehre, Volk und Vaterland einen sinnlosen Tod gestorben, mögen sie in Frieden ruhen.

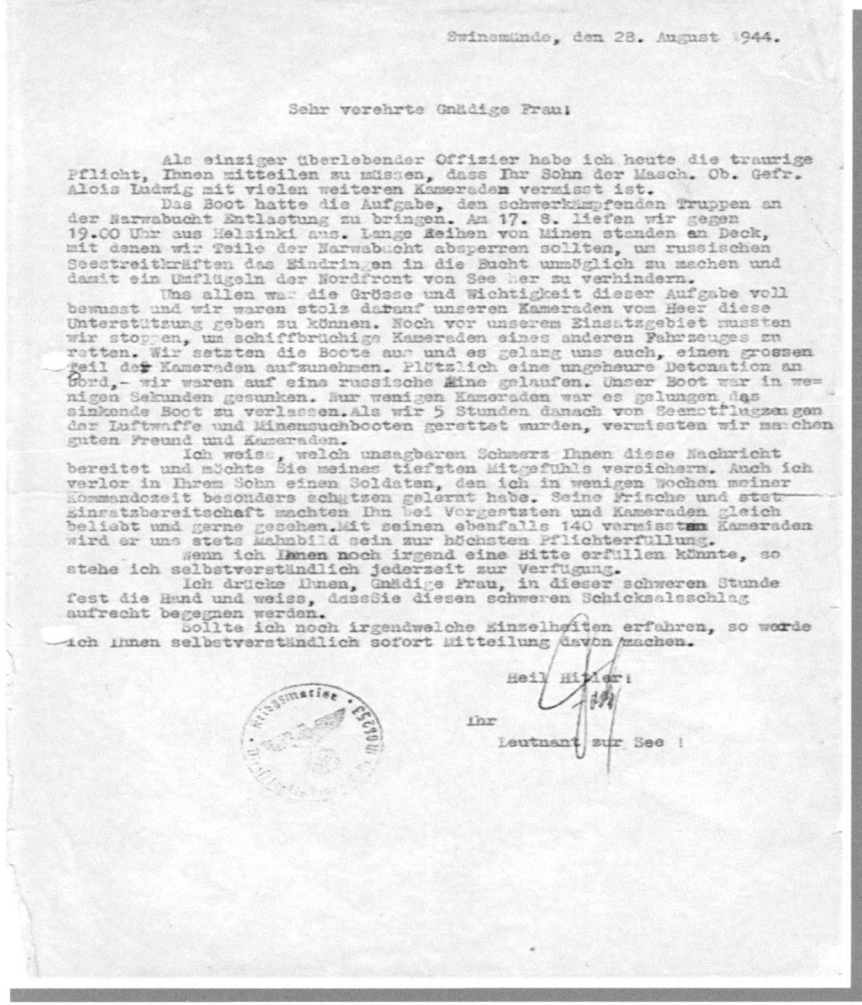

Schreiben von Kaleu Weinling am Mutter

Mein Bruder Alois Alwin Ludwig

Mutter brach unter der Last total zusammen.

Ich konnte mich um sie eine Woche, weil ich Heimaturlaub bekam, kümmern und die verschiedenen Mitteilungen mit ihr gemeinsam aufarbeiten.

Alwin, der auf dem Torpedoboot, T 22, welches erst am 20.07.1941 nach dem Stapellauf am 28.02.1942 in Dienst gestellt wurde, stationiert war, sank am 17.08.1944 im finnischen Meerbusen durch ein eigens von Deutschen angelegtes Minenfeld.

Weil den Russen durch eine Schneise Anfang August auf halber Höhe zwischen Groß- Tüttern und estnischer Küste der Durchbruch gelang, wurde

Torpedoboot T 22 der deutschen Kriegsmarine

am Abend des 17. August von der finnischen Seite aus die 6. Torpedoboot- Flottille zum Auslaufen befehligt.

Die vier großen Boote T 30, T 22, T 23, und T 32, die alle bis zur Halskrause mit Minen vollgeladen waren, sollten das Loch schließen.

Sie rauschten, warum ist auch später nie geklärt worden in das eigene Minenfeld.

T 30, T 32 und etwas später auch T 22, auf dem Alwin unter Kapitänleutnant Waldenburger stationiert war, sinken nach Minentreffer, nur T 23 Kommandant Kaleu Weinling entkommt der Katastrophe und hat das Unglück überlebt.

Anfang Mai 1943 war noch T 23 von Le Havre aus an drei Minenlegeunternehmungen beteiligt, an

Großadmiral Karl Dönitz zeichnet Besatzungsmitglieder des T 22 im August 1943 aus

denen zum Teil auch T 22, T 2, T 5, T 18 und die Kondor mitwirkten, so dass Erfahrung im Minenlegen genügend vorhanden war.

Eine vierte Operation aus Cherbourg heraus wurde am 13. Mai 1943 abgebrochen.

Ab Mitte August 1944 nahm das Boot von Brest aus an Flottillenübungen in der Biskaya mit den Schwesterbooten T 22, T 24 und T 25 teil.

Über St. Nazaire gingen die Boote vorher noch nach Nantes, wo die Flottille am 25. August 1943 von Großadmiral Dönitz besichtigt und die Besatzungsmitglieder noch ausgezeichnet wurden.

Als Alwin Mitte März 1944 auf dem Boot T 22 eingeteilt wurde, war noch die Freude über das neue Boot bei den Besatzungsmitgliedern riesen-

Torpedoboot 22 auf schneller Fahrt

groß.

So hatte er es Mutter, die es natürlich an mich und Rudi weitergeben sollte, einmal per Feldpost mitgeteilt.

Das Minenfeld, das von einer eigenen Einheit zur Sperre einer Feinddurchfahrt gelegt worden war, wurde leider den eigenen Kameraden zum Verhängnis und hat das Torpedoboot beim Auffahren auf die Mine zur sofortigen Explosion gebracht.

Dieser Offizier, Kaleu Weinling schrieb dann Mutter den Brief in dem er ihr die Katastrophe schilderte und tröstende Worte zu ihrem Leid fand.

Mutter war am Boden zerstört, da sie knapp eine Woche später auch noch über das Ableben von

Alwin mit seinen Kameraden von T 22

Rudi informiert wurde.

Zwei ihrer Söhne starben in diesem verdammten Krieg in einem Alter von 23 und 26 Jahren.

Beide hatten doch noch nichts vom Leben gehabt.

Alwin zauberte doch so gerne und Rudi war gerade verlobt.

Das Schicksal kann einen doch sehr schlimm erwischen und einen zur Verzweiflung bringen.

Man muss sich das ganze Leid einmal genauer vorstellen.

Mutter verlor zunächst ihren Mann und unseren Vater sehr früh mit 44 Jahren.

Dann ihre beiden Söhne Rudi und Alwin in diesem schrecklichen Krieg und dann noch die ständige Angst um das eigene Leben.

Rudi mit seinen Kameraden

Nun bekam Mutter von den entsprechenden Heeresleitungen oder von den dafür beauftragten Dienststellen tröstende Worte, wie zum Beispiel "Gefallen für Ehre, Volk und Vaterland".

Aber alles das konnte nicht mehr helfen, die beiden Jungs gab es nicht mehr und sie mussten leider in diesem sinnlosen Krieg ihr Leben in so jungen Jahren lassen.

Es war eine traurige Zeit, Mutter hatte zwei Söhne und ich hatte meine beiden Brüder verloren.

Mit Alwin verstand ich mich ein wenig besser als mit Rudi, da Alwin auch rauchte und so unsere schlechten Angewohnheiten, die von Mutter auch ständig angeprangert wurden, gemeinsam bewältigen mussten.

Rudi hatte sich noch kurz vor seiner Einberufung zu Militär verlobt und jetzt diese traurige Botschaft.

Zu dieser Zeit kam es öfter vor, dass sich Paare, die sich teilweise noch gar nicht so lange kannten, wegen dem Krieg frühzeitig binden wollten.

Seine Braut hatte ich einmal zu Hause bei Mutter kennengelernt, als Rudi sie bei einem kurzen Fronturlaub mit in die Schützenhofstraße gebracht hatte.

Sie war ein sehr nettes Mädchen, der ich leider die schreckliche Botschaft überbringen musste.

Mutter hatte die Adresse sich vorsichtshalber geben lassen und so konnte ich ihr in der Rolshover Straße 26 in Köln- Kalk die Nachricht überbringen.

Rudi hatte mir einmal erzählt, dass er sich mit ihr, den Vornamen habe ich leider vergessen, ich weiß

Feldwebel Rudi Ludwig, Inhaber des EK II

nur dass sie mit Nachnamen Esser hieß und dass er sich mit ihr im Eisstadion beim Schlittschuhlaufen angefreundet hatte.

Sie war leider auch ausgebombt und ich musste lange suchen, bis ich sie in der Nachbarschaft ausfindig machte.

Eine gewisse Zeit hatte sie noch zu uns, insbesondere zu Mutter Kontakt, aber dann haben wir von ihr auch nichts mehr gehört.

Als Rudi sein Schicksal erleiden musste, hörte man im Radio, dass am 19.08.1944 über Paris noch eine lähmende Stille lag, doch der französische Freiheitskampf "Die Libération de Paris" sich zum Kampf der Résistance gegen die deutsche Besatzung rüstete.

Im August 1944 musste sich die 19. Arme AOK 19 Heeresgruppe G unter Oberbefehlshaber General der Infanterie Friedrich Wiese nach der Landung der Alliierten in Südfrankreich, durch das Rhonetal nach Norden zurück ziehen.

Teile der Armee verblieben noch zur Verteidigung der Häfen Toulon und Marseille zurück.

Ob Rudi hier dabei war, ist nicht bekannt.

Unterstützt von amerikanischen Einheiten mit ihrer Luftüberlegenheit ging der Kampf in Cherbourg verloren, so dass die deutsche Wehrmacht zur Kapitulation gezwungen war.

Bei diesen Auseinandersetzungen wurde Rudi so schwer verletzt, dass er amputiert werden musste und auf dem Rücktransport in die Heimat durch sehr hohen Blutverlust seine Verwundung leider nicht überstanden hat.

Er wurde dann bei Blancy Kameraden übergeben, die ihn in der Nähe eines kleinen Dorfes beerdigt haben.

Ausgerechnet jetzt, wo sich das Ende des Krieges abzeichnete, musste Alwin am 17.08.1944 im finnischen Meerbusen und Rudi eine Woche später, am 25.08.1944 in Blancy sein Leben lassen.

Mutter wollte sich nicht damit abfinden, dass Rudi irgendwo bei Blancy von Kameraden in der Nähe eines kleinen Ortes beerdigt worden ist und ihr die genaue Stelle nicht genannt wurde.

Sie hat sich noch mit der Heeresleitung in Verbindung gesetzt, aber es konnte ihr auch hier nicht

Feldwebel Rudi Ludwig mit seiner Gruppe

Rudi mit seiner Verlobten in Köln

geholfen werden.

Ein ungeheuerliches Leid für Mutter, Irmgard und mich.

Abschrift.　　　　　25. Aug. 1944

Sehr geehrte Frau Ludwig.

Schweren Herzens greife ich zur Feder, um Ihnen mitzuteilen, daß Ihr Sohn am 23. v. Mts. als Schwerverwundeter in der Nähe eines kleinen Ortes, uns zum Transport nach der Heimat übergeben wurde. Wie Sie ja wohl wissen, lag er in einem franz. Krankenhaus, wo er auch nach seiner Verwundung operiert wurde. Wir übernahmen ihn als Amputierten dessen Allgemeinbefinden, zufriedenstellend war. In der Nacht vom 23. zum 24. bekam Ihr Sohn eine starke Blutung, die sich am Morgen desselben Tages wiederholte. Ärztliche Hilfe war sofort zur Stelle und gelang es unserem Stabsarzt die Blutung zu stillen. Durch den starken Blutverlust war Ihr Sohn sehr geschwächt und wurde sofort eine Blutübertragung vorgenommen und auch mit Herzmitteln versucht, das Allgemeinbefinden zu bessern. - Leider gelang dies uns nicht. Ihr Sohn schlief um 21 Uhr sanft und ruhig ein.

Wenn auch sein Wunsch, die Heimat wiederzusehen nicht erfüllt wurde, so mag es Ihnen doch ein kleiner Trost sein, daß er ohne Schmerzen, sanft und ruhig, in dem Glauben auf der Heimfahrt zu sein, entschlummert ist.

Liebe Frau Ludwig, ich weiß daß Worte nicht trösten können, trotzdem möchte ich Ihnen auch im Namen meiner Mitschwestern und unserer Ärzte in innigstem Mitgefühl die Hände drücken.

Leider mußten wir Ihren Sohn, da der Weg zur Heimat noch zu weit war, in Blancy Kameraden übergeben, die ihn dort zur letzten Ruhe betteten.

Ich habe mir erlaubt im Gedenken einer deutschen Mutter, die in der Heimat weilt und leider nicht in der schwersten Abschiedsstunde bei ihrem Sohn weilen konnte, einen Blumenstrauß niederzulegen.

Die im Besitze Ihres Sohnes befindlichen Sachen, gehen Ihnen von der Krankensammelstelle Colmar zu.

Ich komme nun für heute zum Schluß mit dem Wunsche im Herzen, daß unser Vater im Himmel Sie in Ihrem schweren Leid trösten möge und grüße Sie in inniger Teilnahme

Schwester Ottilie Glasner

Die Abschrift des Briefes an Mutter von Schwester Ottilie Glasner.

Irmgard hatte sich über den Fürstenhof, wo sie einige Monate in Köln tätig war, nach Heidelberg abgesetzt um dort eine Stelle im amerikanischen Kasino auf der gegenüberliegenden

Neckarschlossseite, wo schon verschiedene Einheiten vor dem Krieg eine von den Deutschen geduldete amerikanische Besatzungszone eingerichtet hatten und nach Ende des Krieges einen umfangreichen Standort aufbauten.

Irmgard hatte immer gesagt, wo die Amerikaner sind, ist man relativ sicher.

Sie war schon mit ihren 26 Jahren recht klug und durchsetzungsfähig.

Sie blieb in Heidelberg, lernte da auch später ihren Mann kennen, der Kammermusiker im Theater und Orchester der Stadt Heidelberg war und fühlte sich dort am Neckar recht wohl.

Irmgard im Kasino an der Kasse in Heidelberg

Marlene, die mit den beiden Kindern und ihrer inzwischen angenommenen Arbeitsstelle als Bürokauffrau bei der DKV in der Mohrenstraße in Köln genug um die Ohren hatte, bekam jetzt von der Stadt Köln wegen der Totalausbombung eine Evakuierungsaufforderung nach Poessneck in das Thüringer Land bis zum Ende des Krieges.

Die Vereinbarung mit der DKV musste zunächst auf Eis gelegt werden, da die Sicherheit für sie und die Kinder vorrangig war.

Sie wurden auf einem Bauernhof einquartiert, was natürlich für die Kinder bis zum Kriegsende am 02.09.1945 von besonderer Bedeutung war.

Sie schrieb mir einmal an Mutters Adresse, dass sie öfter mit ein paar anderen Vertriebenenfrauen auf dem Pferdekarren nach Bodelwitz fuhren, um auf

Evakuierungsquartier in Poessneck

dem dortigen Markt ein paar Sachen einzutauschen oder zu handeln.

Als sie irgendwann erfahren hatten, dass in Poessneck auch noch eine Schokoladenfabrik existierte, gab es kein Halten mehr.

Alle wollten für ihre Kinder ein paar Leckereien erhaschen, was dann auch nach längerem Betteln tatsächlich unter großem Freudentaumel gelang.

Das einzige was Marlene in der Evakuierungsunterkunft störte war, dass alle Kinder von Kopfläusen befallen waren.

Sie wurden alle kahl geschoren, zum Schutz noch eingepudert, um die Läuse wieder los zu werden.

Inzwischen hatte ich nach Kriegsende meinen Wehrdienst beendet und konnte mich in der Bülow Straße um die Herrichtung der Wohnung kümmern.

Marlene auf der Fahrt zum Markt nach Bodelwitz

Da über den beiden Zimmern, die für uns vorgesehen waren über der Decke der obere Teil des Hauses eingestürzt war, mussten wir leider bei Regen im Wohnzimmer immer einen Eimer aufstellen, um das durchsickernde Regenwasser aufzufangen.

Wir waren zufrieden, denn andere hatten zu diesem Zeitpunkt immer noch keine Bleibe.

Marlene kam mit den Kindern am Samstag, dem 24.11.1945 auf Herberts Geburtstag mit dem Zug in Köln- Deutz aus Poessneck zurück.

Ich holte sie am Bahnhof in Deutz ab, musste allerdings eineinhalb Stunden warten, denn der Zug hatte wegen neu ausgebauten Gleisbereichen entsprechende Verspätung.

Marlene mit meinen beiden Söhnen
Herbert und Richard

70

Es war mir egal, Hauptsache sie waren gesund und munter wieder alle da.

Die Kinder hatten nur erstaunlicherweise beide Glatzköpfe, was mich etwas wunderte.

Marlene sagte aber direkt, es wäre überhaupt nichts Schlimmes, man hätte allen Kindern dort nur wegen Kopfläusen die Haare abgeschnitten.

Wir richteten uns so gut es ging mit Möbelüberresten, die wir von Freunden bekamen ein.

Wir hatten ein Bett, zwei Liegen, einen Tisch, drei Stühle und einen Herd.

Mehr war im Moment nicht aufzutreiben, es war notdürftig, aber es funktionierte.

Marlene konnte in vier Woche bei der DKV in der Adrema ihre Stellung wieder aufnehmen und so

Marlene mit ihren Arbeitskolleginnen bei der DKV

gingen die Dinge langsam wieder in die richtige Richtung.

Nur bei mir stimmte etwas nicht.

Ich hatte Marlene noch nichts erzählt, aber Mutter über mein Problem schon eingeweiht.

Bevor ich von dem Wehrdienst befreit wurde, war ich noch eine Woche in Koblenz im Lazarett mit dem Verdacht auf Epilepsie.

In den letzten Tagen vor Kriegsende erwischte mich ein Granatsplitter am Kopf oberhalb des rechten Ohres.

Die Wunde war kaum bemerkenswert, aber der Splitter war nicht zu entfernen, so dass ich meine ständigen Kopfschmerzen nicht los wurde und eine Unzufriedenheit in mir aufkam, die ich einfach nicht in den Griff bekommen konnte.

Mit der unaufhörlichen Angst im Nacken, ich könnte einen epileptischen Anfall kriegen, kam mit jedem neuen Tag eine Panik auf mich zu.

Wie sage ich es Marlene, kann man mir noch helfen, ist die verdammte Angelegenheit doch nicht so schlimm, oder werden es Anfälle sein, wie die schrecklichen Anfälle von ihrer Mutter.

Alles Fragen, die mir keiner beantwortete.

Selbst der mich immer noch behandelnde Arzt in Koblenz, äußerte sich nicht konkret, so dass ich jedes Mal auf der Heimfahrt mit dem Zug von Tag zu Tag unsicherer wurde.

Meinen Job bei Schenker habe ich nach dem Krieg nicht mehr antreten können und bedauerlicherweise meine erhoffte und bereits eingeleitete Karriere nicht fortsetzen können.

Was sollte nun aus mir werden.

Ich konnte doch nicht alles Marlene überlassen, die tapfer und äußerst fleißig jedes Problem mit aller Kraft anging.

Natürlich hatte ich keine Schuld, natürlich hätte ich genau so gut bei dem Angriff auf unsere Flak-abwehrstellung drauf gehen können und natürlich gab es Vergleiche, die noch schlimmer waren.

Aber alles das, tröstete mich nicht.

Ich sah nur unser Problem und die daraus zwangs-läufig entstehenden Folgen.

Marlene tat mir leid, aber ich hatte mich entschieden zunächst abzuwarten und nach einem eventuellen Anfall, dann mit ihr darüber zu sprechen.

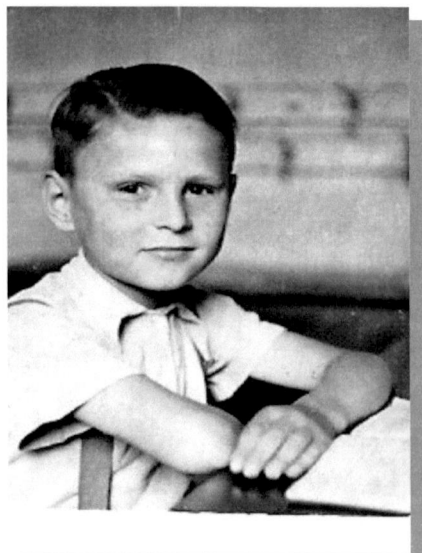 

Richard und Herbert in der Schule Auguststraße

Mutter drängte mich zwar ständig, alles mit Marlene zu klären, aber ich konnte einfach nicht.

Da die zwei gut heranwuchsen, entschloss ich mich, immer einen mit auf irgendeine Sportveranstaltung mitzunehmen, die mich zerstreuen und ablenken sollte.

Meistens nahm ich Richard mit, der auch für bestimmte Sportereignisse schon in jungen Jahren Interesse zeigte, was mir natürlich entgegen kam und mich sehr freute.

Ob wir zum Radrennen, Steherrennen in der Riehler Radrennbahn, zum Fußball oder zum Boxen gingen, er hatte immer seinen Spaß dabei.

Das höchste Interesse zeigte er immer, wenn wir mit der Straßenbahn nach Weidenpesch auf die Pferderennbahn fuhren um uns Pferderennen anzusehen, denn das gefiel ihm immer genau so wie mir

Pferderennbahn Köln- Weidenpesch

am besten, weil ich auch schon mal eine kleine Wette machte und ihn dann auf Einlauf setzen ließ.

Doch dann erlitt ich am Ebertplatz im Beisein von Richard einen Anfall.

Ich kann mich nur noch daran erinnern, dass ich auf der Ladefläche eines Dreirades mit meinem Kopf in den Armen von Richard lag und recht schwer wieder zur Besinnung kam.

Er erzählte mir auf der holprigen Fahrt, dass ich mit ihm am Ebertplatz aus der Bahn ausgestiegen war und dann zu Boden gestürzt sei und einen schweren Anfall bekommen hätte.

Er wusste genau ob ein Anfall schwer oder leichter Natur war, denn er war ja auch schon oft genug mit meiner Schwiegermutter als Begleiter bei Einkäufen auf dem Wilhelmplatz oder beim Shopping im Kaufhaus Tietz auf der Neusser Straße dabei und kümmerte sich um seine Oma, wenn etwas passierte.

Da Herbert etwas jünger war, wurde er meistens zur Begleitung nur dann heran genommen, wenn Richard aus irgend einem Grund nicht konnte.

Es waren arme Kinder, die das schreckliche Leid der älteren Familienangehörigen, auf manchmal recht schlimme Weise mittragen mussten.

Aber sie ließen sich nicht unter kriegen, hielten das raubeinige Straßenleben mit den anderen Kindern durch, waren in der Schule zwar keine Leuchten, vielleicht wollten sie das auch gar nicht, sind aber nie sitzen geblieben und entwickelten sich Dank der Durchsetzungskraft von Marlene, die für ihre starke Leistung nur zu bewundern war, recht ordentlich.

Auf beide war ich unheimlich stolz und es traf mich immer sehr, wenn ich bedingt durch meine Krankheit immer mehr außer Kontrolle geriet.

Es fiel mir selber auf, dass ich schnell jähzornig wurde, bei der kleinsten Gelegenheit Gewalt anwenden wollte und mich oft ungerecht verhalten habe.

Magdalene gegenüber und auch den Kindern gegenüber.

Bei Mutter habe ich oft wegen meinem Zustand geweint und es konnte mich nicht trösten, wenn sie dann sagte sie sei ja für mich da.

Was für ein Leben, die ganze Familie zerrissen, beide Brüder verloren, der Vater mit 44 Jahren gestorben und meine Schwester Irmgard in der Ferne und natürlich Mutter, die jetzt noch einen kranken Sohn hatte und so gut wie nichts für meine so sehr geliebte Familie tun konnte.

Inzwischen war ich 36 Jahre alt und dachte immer öfter über dieses vorgegebene Sterbealter mit 44 Jahren nach.

Beginnt so etwas mit großem Leid, sind die Eizellenvorgaben und die Gene eines Menschen wirklich so steuerbar oder ist das alles nur Zufall oder Schicksal.

Es beschäftigte mich jetzt jeden Tag und ich bemerkte eine Wesensveränderung in mir, die mir nicht nur Angst machte, sondern die mich zum Tatendrang durch Gewalt antrieb, die dann immer unkontrollierbarer wurde.

Ich versuchte mich überall zu prügeln, selbst Weggefährten die mich kannten, versuchten mir aus dem Weg zu gehen, es war einfach fürchterlich.

Aus Verzweiflung fing ich auch noch das Trinken an, was natürlich alles viel schlimmer machte.

Vom Versorgungsamt wurde ich finanziell nicht ausreichend unterstützt und meine Krankheit wollte der Staat nicht als Kriegsleiden anerkennen.

Es fehlte ständig an Geld und Marlene verdiente ja auch nicht so viel.

Hinzu kam, dass sie ja auch noch für die Kinder sorgen musste, für die noch nicht einmal die 55 Pfennige im Monat für die Schulmilch vorhanden

Traditionskneipe "Em Golde Kappes" in Nippes

waren.

Es war eine erbärmliche Situation, durch die ich immer tiefer in den Abgrund rutschte.

Wenn ich vom Goldenen Kappes auf der Neusser Straße in Nippes, einer Traditionskneipe, wo ich mich an dem Mühlen- Kölsch aus der Malzmühle für 19 Reichspfennig berauschen konnte, nach Haus kam, fing ich sofort mit Marlene Streit an.

Es ging immer ums Geld und wenn ich von Marlene nichts bekommen konnte, rastete ich und das oft im Beisein der Kinder förmlich aus.

Ich tobte, schlug Marlene die dann versuchte mit den Kindern sofort zu Frau Balzer oder zu ihren Eltern in die Bülow Straße 25 zu flüchten.

Es tat mir hinterher zwar immer sehr leid, aber ich hatte mich einfach nicht mehr in der Gewalt.

So konnte es nicht weitergehen und so bat ich Mutter einige Zeit bei ihr in der Schützenhofstraße 19 verbringen zu dürfen.

Sie willigte ein, wusste aber sofort, dass es auch hier Schwierigkeiten geben würde.

Mutter hatte ja auch nicht viel Rente, doch ich bedrängte sie ständig.

Meine epileptischen Anfälle kamen jetzt häufiger.

Wenn ich alleine mit dem Fahrrad, was ich immer noch von Heinz, dem Bruder von Marlene hatte, unterwegs war, gab es oft dramatische Vorfälle.

Am Rheinufer, in der Nähe der Bastei, erlitt ich während der Fahrt einen Anfall, stürzte schwer und kam erst wieder zu mir, als ich hilfsbereite Menschen über mir sah, die mich mit Worten beruhigen wollten.

Ich hatte offenbar meinen Kopf mehrmals auf dem Boden aufgeschlagen, denn ich hatte starke Kopfschmerzen und außerdem blutete ich am rechten Arm aus einer klaffenden Sturzwunde.

Ich versuchte mich aufzurichten, wischte mir den Schaum vom Mund, nahm von einem jungen Mann einen Verband an und umwickelte die Wunde am Arm.

Langsam kam ich wieder zu mir und konnte den inzwischen zahlreich stehengebliebenen Menschen sagen, dass es vorbei ist und dass es mir jetzt wieder gut geht.

Neusser Straße Köln - Nippes 1940

Es passierte, wenn es zu einem Anfall kam, meistens auf der Neusser Straße, weil ich mich da hauptsächlich aufhielt, alles was ich brauchte hier bekommen konnte und in der Mauenheimer Straße noch ein Freund von mir wohnte.

In diesem Zustand ging Woche für Woche vorbei.

Ich wohnte immer noch bei Mutter, fuhr aber hier und da mit ihr mit der Straßenbahn nach Nippes, um Marlene und die Kinder zu besuchen.

Gerne gesehen war ich nicht und selbst meine beiden Söhne, so schien es mir, hatten auf einmal Angst vor mir.

Es hatte sich in der Wohnung nichts geändert, außer, dass jetzt im Wohnzimmer an der undichten Stelle der Decke eine Plane in der Größe von 2x2 Meter angebracht war, die etwas mehr vor eindringendem Wasser schützen sollte.

Marlene war kaum ansprechbar, die Kinder gingen auf die Straße und Mutter und ich wollten mit Marlene über alles in Ruhe reden.

Ich merkte sofort, dass ich zu viel zerstört hatte und ein vertrauensvolles Zusammenleben nicht mehr möglich war.

Marlene wollte nicht mehr.

Sie hatte ja durch mich noch mehr Leid, Sorgen und Verpflichtungen und sie musste ja auch die Kinder schützen, da ich ja inzwischen eine Gefahrenquelle für die Familie geworden war.

Alle diese Probleme, die Anfälle auf offener Straße, die Prügelattacken auf Sportplätzen oder bei Ansammlungen, meine Unkontrollierbarkeit und die weiter sich verschlechternde Krankheit führten dazu, dass ich vom Staat in die geschlossene psychiatrische Anstalt in Bonn und später nach Galkhausen durch Gerichtsbeschluss eingeliefert wurde.

Nach kurzer Zeit kam ich dann nach Bedburg- Hau um eine soziale Rehabilitation durchzustehen, die aber dazu führte, dass ich wieder in die geschlossene Psychiatrie in Langenfeld zurück verlegt wurde.

Marlene ließ sich von mir scheiden und nun begann für mich ein Leben voller Traurigkeit.

Was hatte der Krieg aus mir gemacht.

Mein Stolz, meine Familie, meine Frau, meine so sehr geliebten Söhne, alles war mir entglitten.

Landesverband Rheinland (LVR) - Klinik,
Langenfeld 1950

Ich fügte mich in mein Schicksal, hatte aber die Hoffnung doch noch einmal meine Kinder zu sehen.

Mutter besuchte mich so gut und so oft es ging und wenn sie kam, berichtete sie mir die Neuigkeiten, die ihr bekannt geworden waren.

Jedes einzelne Wort, jeden einzelnen Satz saugte ich in mir auf.

Es war als ob ich es selbst erleben würde, ob ich dabei und nicht von der Außenwelt und der Schönheit des Lebens abgeschnitten wäre.

Wenn sie dann gegangen war, ging ich immer mit einem Pfleger in unsere kleine Kapelle und dankte Gott für die Gnade, die ich trotz allen Fehlgriffen in meinem Leben von ihm erhoffte und auch mit tiefer

Unsere kleine Kapelle in der ich mir Trost hole

Reue entgegen nahm.

Es war wie eine Erlösung für mich, als Mutter eines Tages tatsächlich mit den beiden Jungs mich besuchen kam.

Marlene hatte offenbar ein Einsehen, dass eine totale Entfremdung nicht Gerecht gewesen wäre, es wäre auch für Herbert und Richard und deren Entwicklung nicht vorteilhaft gewesen, wenn sie ihren Vater, selbst in diesem elendigen Zustand nicht mehr hätten sehen dürfen.

Sie wurden durch die Absperrungen und durch die Schleusen geführt, bis sie zu dem Raum kamen, der natürlich auch abgesperrt, für Besucher vorgesehen war.

Bestimmt ein sehr bedrückender Gang, um zu sehen, wie ihr Vater untergebracht war und wie er ja wenn er Anfallfrei war mit teilweise klarem Ver-

Meine gesicherte Unterkunft in der LVR

stand mit diesem Schicksal umgehen musste.

Sie konnten ja nicht wissen, dass ich Trost und Geborgenheit in meinem Glauben gefunden hatte und versuchte mit den Gegebenheiten freundlich und zuvorkommend auch den anderen Kranken gegenüber klar zu kommen.

Ich wusste, dass ich das Tageslicht in Freiheit nicht mehr sehen würde und dachte oft in schwierigen Augenblicken an die schöne Zeit, die ja auch in meinem Leben existiert hatte, an die anfängliche Zuneigung zu Marlene, gegen die ich keinen Hass hegte, an meine beiden Jungs, aus denen wie ich feststellen konnte sich eine gute Entwicklung anbahnte und an Mutter, die mit ihrem übergroßen Leid leben musste.

Mein eingezäunter und gesicherter Freigang

Schlimme Momente, aber auch dankbare Momente, weil mein Leben nicht sinnlos war, denn ich konnte in meinen beiden Söhnen weiterleben.

So gingen die Tage und die Jahre dahin.

Manchmal durfte ich in der Wäscherei oder in der Schreinerei, was ich besonders gerne machte, aushelfen und wenn mir jemand eine Zigarette schenkte, glaubte ich das Leben würde wieder neu beginnen.

Hier wurde man zwar auch bewacht, aber es ging etwas lockerer zu.

Die beiden Schreinermeister waren denen gegenüber, die eingeteilt waren, immer freundlich und fast liebenswert entgegenkommend.

Hier bekam ich auch schon mal eine Zigarette, die ich mir natürlich hier nicht anstecken durfte.

Unsere Schreinerei, in der ich arbeiten durfte

Mutter hatte mir bei ihrem letzten Besuch ein Foto mitgebracht, wo sie an einer Prozession wegen mir und den Gebeten teilgenommen hat, um Gott zu bitten, mir mein Leben etwas zu erleichtern.

Ich hatte aber meinen inneren Frieden gefunden, hatte selbst meine Gebete, hatte meine Erinnerungen und meine Abgefundenheit mit meiner bedauernswerten Situation.

Aber das Wichtigste war, ich hatte keinen Groll mehr in mir und hoffte eigentlich nur, dass es Marlene und den beiden Jungs gut gehen möge.

Paul, mit dem ich mich hier angefreundet hatte, war da viel schlimmer dran.

Ich wusste nicht genau was er hatte, aber er telefonierte fast den ganzen Tag mit einem Löffel am Ohr.

Mutter bei einer Prozession in Köln

Ein Foto mit Sondergenehmigung vor meiner
Unterkunft in Langenfeld

Als ich ihn einmal gefragt habe, ob er wüsste was er da tut, gab er mir zur Antwort, dass er so mit der ganzen Außenwelt Kontakt haben kann, ohne dass ihm das jemand verbietet.

So kann man sich auch als frei betrachten und ich habe seitdem hohe Achtung vor ihm.

Nervös macht mich allerdings manchmal Heinz Peter, der auch eine Kriegsverletzung hat, die man ihm im Gegensatz zu mir, aber anerkannt hat.

Welche Krankheit er hat, weiß ich nicht, er schreit nur manchmal den ganzen Tag.

Dann gehe ich in unsere kleine Kapelle und bete für ihn.

Manchmal geht unser Chefaufseher mit, da er auch nicht immer all dieses Leid mit ansehen kann.

Man kann alle die, die sich hier um uns kümmern nur bewundern, denn wenn man bei klarem Verstand ist, sind die Aufgaben die hier getan werden müssen, schwer zu ertragen.

Das gilt nicht nur für das gesamte Pflegepersonal, sondern auch für die Ärzte.

Ich Maße mir dieses Urteil an, da ich ja nur kurz vor den Anfällen und danach aus dem Verkehr gezogen bin, meine Aggressionen schon wieder abgebaut habe und bei klarem Verstand alles sehr schrecklich finde.

So habe ich aber zu Gott gefunden und fühle mich bei Ihm gut aufgehoben.

Ohne meinen Glauben, könnte ich das alles vermutlich nicht durchstehen.

Inzwischen haben wir schon 1956 und ich befinde mich hier in dieser Anstalt, genau weiß ich es nicht, sechs oder sieben Jahre.

Bei dem letzten Besuch von Mutter habe ich mich von ihr verabschiedet, denn sie kennt ja die Gesetzgebung die die Familie seit mehr als sechs Generationen zu ertragen hat.

Für mich ist es eine Erlösung und ich habe mit meinem Herrgott schon alles geregelt.

Ich habe ihn in meinen Gebeten angefleht, er möge doch meinen Sohn Richard, der ja auch der Erstgeborene in der Familie Ludwig ist, von dieser Bestimmng befreien.

Außerdem hatte Mutter mir berichtet, dass Richard eine kaufmännische Lehre begonnen hat und auch Herbert schon jetzt eine Kraftfahrzeuglehre in Aussicht hat, was mich natürlich überglücklich macht.

Es geht mir heute auch nicht sehr gut.

Heute morgen hatte ich schon einen schweren Anfall, von dem ich mich bis jetzt in den Mittagsstunden noch immer nicht richtig erholt habe.

Meine Gedanken machen mich aber trotzdem zufrieden und ich füge mich in mein Schicksal.

Möge Gott mich zu sich holen, ich bin bereit.........!

R.L.

Nachsatz

Diese Zeilen habe ich schweren Herzens geschrieben, weil ich mich verpflichtet gefühlt habe, die Veränderung und Aufhebung der Generationsbestimmung in seinem Namen, im Namen unseres Vaters, Kund zu tun.

Unser Vater ist am 26.03.1956 in Langenfeld in der Klinik, wie alle Erstgeborenen sechs Generationen vor ihm mit 44 Jahren nach einem epileptischen Anfall mit anschließender Gehirnblutung verstorben.

Er ist seinen Weg tapfer und würdevoll im Einklang mit seinem Glauben zu Gott bis zur letzten Sekunde gegangen.

Möge sein Wunsch und diesem Wunsch schließe ich mich bedingungslos an, in Erfüllung gehen, uns alle wiedersehen zu können in himmlischen Gefilden.

Denn diese Seelenverbundenheit, die mich dazu befähigt hat, seinen Lebensweg zu dokumentieren, zeigt mir die Güte und Barmherzigkeit unseres Allmächtigen, denn die dafür notwendige Einfühlsamkeit hat mich manchmal fast zerrissen.

Durch die Aufarbeitung eines so weit zurückliegenden Lebens hat unser Vater wieder Gestalt angenommen, immer dann und das gilt auch für andere Menschen, wenn die Vergessenheit keinen Platz im Herzen hat.

Ein Mensch kehrt zurück, wenn man an ihn denkt und besonders, wenn man ihn in Gedanken wieder am Leben teilhaben lässt.

Eine außergewöhnliche Möglichkeit für den der sie für diesen geliebten Menschen in sich reifen lässt, eine Möglichkeit, die total aufwühlt aber zufrieden und glücklich macht.

Mögen die Menschen, die diese Abhandlung lesen, verschüttete Gedanken wieder aufgreifen und die oder den geliebten Menschen oder sogar das geliebte Wesen wieder zurückkehren lassen.

Erzwingen kann man einen solchen Vorgang nicht, man muss ihn in sich reifen lassen, aber wenn man sich dazu berufen fühlt, sind die Gedanken und die Einfühlsamkeit wie ein Füllhorn.

Richard Ludwig   Oktober 2017

P.S.

Dieses alles habe ich mit 76 Jahren geschrieben.

An mir ist der Kelch vorüber gegangen, die Gebete von Vater waren also nicht umsonst.

Der Weg, der in die Ewigkeit führt

"Der Mensch ist für die Erde nicht geschaffen, sondern nur für die Ewigkeit".

Richard Ludwig, Autor